Made in the USA
Las Vegas, NV
01 February 2022

42782783R00056